Charles Taylor dan ARGUMEN TRANSENDENTAL

KRITIK ATAS RASIONALITAS FILSAFAT MODERN

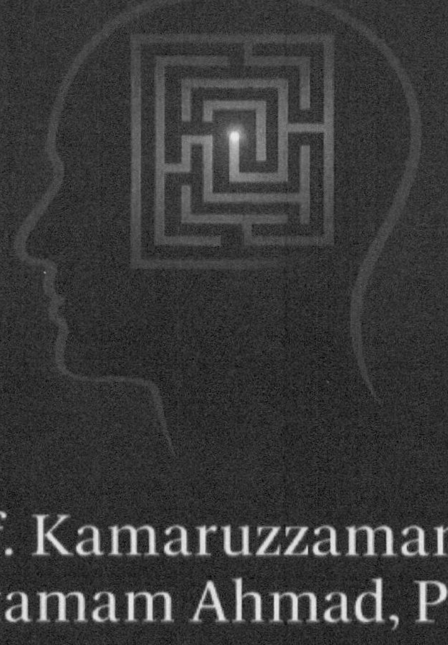

Prof. Kamaruzzamamaman
Bustamam Ahmad, Ph.D.

Charles Taylor dan Argumen Transendental: Kritik atas Rasionalitas Filsafat Modern

Prof. Kamaruzzaman Bustamam-Ahmad Ph.D.

KBA13 Insight
2025

Publikasi ini merupakan bagian dari program *KBA13 Insight Monograph Series*, sebuah inisiatif untuk menyebarkan pengetahuan.

KBA13 Insight
Banda Aceh, Indonesia
Website: www.kba13.com[1]
Email: admin@kba13.com

Segala kutipan, opini, dan analisis dalam monograf ini menjadi tanggung jawab penulis. Materi dapat digunakan untuk kepentingan penelitian dan pendidikan dengan mencantumkan sumber secara benar.

1. https://www.kba13.com?utm_source=chatgpt.com

Kata Pengantar

Segala puji syukur saya panjatkan karena monograf ini dapat diselesaikan dengan baik. Tulisan ini lahir dari perhatian mendalam terhadap salah satu bab penting dalam karya Charles Taylor, Philosophical Arguments (1995), yakni The Validity of Transcendental Arguments. Bab tersebut menempati posisi istimewa, karena di dalamnya Taylor mengajukan pertanyaan mendasar tentang validitas argumen transendental yang telah menjadi perdebatan panjang sejak masa Kant hingga filsafat kontemporer.

Kehadiran monograf ini diharapkan dapat memberi jalan bagi pembaca untuk memahami secara lebih sistematis dan terarah bagaimana Taylor menimbang kembali tradisi Kantian, sekaligus membuka ruang dialog dengan fenomenologi tubuh Merleau-Ponty. Saya berusaha menyajikan bacaan yang tidak hanya meringkas, melainkan menghadirkan kutipan asli, terjemahan, serta narasi penjelasan, agar pembaca dapat mengikuti alur pemikiran Taylor dengan jernih.

Monograf ini tentu saja bukan jawaban final atas perdebatan filosofis yang begitu luas. Sebaliknya, ia adalah undangan untuk merenungkan kembali kekuatan dan keterbatasan argumen transendental. Di satu sisi, argumen ini berdiri kokoh pada premis yang tak terbantahkan; di sisi lain, ia rentan diperdebatkan pada tingkat kesimpulan. Sifat ganda ini bukan kelemahan, melainkan vitalitas yang membuatnya terus relevan dalam horizon filsafat.

Saya menyadari bahwa tanpa kesabaran intelektual, membaca monograf semacam ini bisa terasa berat. Namun, justru di situlah letak nilai dan tantangannya. Filsafat tidak hanya memberi jawaban instan, tetapi melatih kita untuk berpikir kritis, sabar, dan mendalam. Harapan saya, monograf ini dapat menjadi salah satu pintu masuk bagi siapa saja yang ingin memahami lebih jauh kontribusi Taylor dalam membarui tradisi transendental.

Akhir kata, saya sampaikan terima kasih kepada semua pihak yang memberi dukungan, baik dalam bentuk diskusi, dorongan moral, maupun ruang akademik yang memungkinkan karya ini ditulis. Semoga monograf ini memberi manfaat, membuka cakrawala, dan menjadi bagian kecil dari upaya memperkaya khazanah filsafat di Indonesia.

Banda Aceh, 1 Oktober 2025

Prof. Kamaruzzaman Bustamam Ahmad, Ph.D.

Daftar Isi

Kata Pengantar

Bab I Pendahuluan

Latar Belakang Argumen Transendental

Bab II Kant dan Fondasi Argumen Transendental

Deduksi Transendental dan Titik Awal
Kesatuan Kesadaran dan Prinsip "I Think"
Kategori-Kategori dan Kausalitas
Kesimpulan Awal dari Kant

Bab III Taylor Membaca Kant

Kritik atas Jarak dari Premis ke Kesimpulan
Argumen Transendental dan Skeptisisme
Dimensi Apodiktis dan Rapuh
Relevansi Kant dalam Bacaan Taylor

Bab IV Fenomenologi Tubuh – Dari Kant ke Merleau-Ponty

Tubuh sebagai Pusat Kesadaran
Orientasi Tubuh dan Ruang Hidup
Dunia sebagai Medan Aksi
Integrasi Kant dan Merleau-Ponty

Bab V Indispensability dan Apodiktisitas

Indispensability sebagai Logika Argumen
Apodiktisitas sebagai Sifat Argumen
Keterbatasan Klaim Apodiktis
Indispensability dan Apodiktisitas dalam Diskusi Kontemporer

Bab VI Analogi Permainan Catur

Argumen Transendental sebagai Aturan Permainan
Keterbatasan Analogi Catur
Struktur Formal dan Kontingensi
Pelajaran dari Analogi Catur

Bab VII Evaluasi Akhir Argumen Transendental

Kekuatan Argumen Transendental
Kelemahan Argumen Transendental
Relevansi Kontemporer
Kesimpulan Umum

Bab VIII Penutup: Argumen Transendental dalam Horizon Filsafat Kontemporer

Merangkum Perjalanan Bab
Relevansi Filsafat Transendental
Kontribusi Taylor
Kesimpulan Akhir

Tentang KBA13 Insight

Bab I Pendahuluan

Latar Belakang Argumen Transendental

Monograf ini berangkat dari karya Charles Taylor, *Philosophical Arguments* (1995), khususnya bab berjudul The Validity of Transcendental Arguments. Bab ini dipilih karena menempati posisi penting dalam keseluruhan proyek pemikiran Taylor, di mana ia berupaya menata ulang posisi filsafat transendental setelah Kant.

Taylor tidak sekadar mengulang tradisi, tetapi memberi penekanan baru pada persoalan validitas, yakni kapan dan sejauh mana sebuah argumen transendental dapat dianggap sahih.

Bab ini penting untuk dibahas karena argumen transendental menempati posisi unik dalam sejarah filsafat modern. Ia berbeda dari argumen empiris maupun deduktif biasa, karena bergerak dari fakta pengalaman yang tak terbantahkan menuju syarat yang membuat fakta itu mungkin.

Dengan kata lain, argumen transendental berfungsi menyingkap fondasi tersembunyi dari kesadaran manusia. Taylor menunjukkan bahwa di sinilah letak kekuatan sekaligus kerentanan argumen tersebut: premisnya kokoh, tetapi kesimpulannya sering diperdebatkan.

Membaca bab ini berarti masuk ke inti refleksi filosofis tentang relasi antara pengalaman, kesadaran, dan syarat-syarat transendental yang menopang keduanya.

Taylor memperlihatkan bahwa diskusi mengenai argumen transendental tidak hanya bernilai historis sebagai warisan Kant, tetapi juga memiliki relevansi kontemporer.

Dengan demikian, pembahasan atas bab ini tidak hanya membuka kembali persoalan klasik, tetapi juga menghubungkan filsafat modern dengan fenomenologi tubuh dan horizon pemikiran masa kini.

Charles Taylor membuka bab dengan menetapkan definisi argumen transendental. Ia menekankan bahwa argumen ini dimulai dari suatu ciri pengalaman yang dianggap tidak mungkin diragukan.

Dengan cara ini, Taylor mengunci premis awal pada sesuatu yang tidak dapat digoyahkan, bukan asumsi spekulatif, melainkan fakta dasar yang dimiliki semua manusia dalam kesadaran sehari-hari. Dari titik berangkat inilah seluruh diskusi dalam bab disusun.

"The arguments I want to call 'transcendental' start from some feature of our experience which they claim to be indubitable and beyond cavil." (Taylor, 1995, p. 20)

("Argumen-argumen yang saya sebut 'transendental' dimulai dari suatu ciri pengalaman kita yang mereka klaim tak terbantahkan dan melampaui sanggahan.")

Kutipan di atas memperlihatkan bagaimana Taylor ingin meletakkan dasar yang kukuh. Premis awal diperlakukan sebagai batu pijakan yang tidak bisa diabaikan.

Taylor bukan hasil kesepakatan, melainkan sesuatu yang melekat dalam kenyataan manusia. Karena itu, argumen transendental memiliki kekuatan berbeda dibandingkan bentuk argumen lain.

Taylor menjelaskan bahwa dari titik awal ini, argumen transendental bergerak menuju kesimpulan yang lebih luas. Kesimpulan itu tidak hanya berbicara tentang pengalaman sebagai fakta, melainkan tentang syarat yang harus ada agar pengalaman itu mungkin.

Dengan demikian, argumen ini berfungsi membuka jalan dari sesuatu yang sederhana menuju pemahaman yang lebih dalam tentang subjek. Dalam bahasa Taylor, argumen semacam ini berhubungan dengan "hakikat subjek" atau "posisi subjek di dalam dunia."

"They then move to a stronger conclusion, one concerning the nature of the subject or the subject's position in the world." (Taylor, 1995, p. 20)

("Mereka kemudian bergerak ke sebuah kesimpulan yang lebih kuat, yang menyangkut hakikat subjek atau posisi subjek di dalam dunia.")

Pernyataan ini memberi gambaran bahwa argumen transendental tidak berhenti pada premis awal. Premis digunakan sebagai pintu masuk untuk menarik konsekuensi logis. Dari ciri pengalaman, filsafat menuntut kesimpulan tentang kondisi yang membuat pengalaman itu mungkin. Inilah gerak dasar yang akan terus dibicarakan sepanjang bab.

Taylor menegaskan bahwa bentuk gerakan tersebut bersifat regresif. Ia tidak menambahkan informasi empiris baru, tetapi kembali menelusuri syarat yang harus ada agar fakta yang diterima bisa dipahami.

Dengan kata lain, argumen transendental menanyakan: "Apa yang harus benar agar pengalaman ini mungkin?" Pertanyaan ini menandai karakter logis dari argumen tersebut, berbeda dengan argumen empiris biasa.

"The arguments... make this move by a regressive argument, to the effect that the stronger conclusion must be so if the indubitable fact about experience is to be possible." (Taylor, 1995, p. 20)

("Argumen-argumen itu... melakukan langkah tersebut melalui sebuah argumen regresif, sehingga kesimpulan yang lebih kuat haruslah demikian adanya jika fakta tak terbantahkan tentang pengalaman dimungkinkan.")

Dengan kutipan ini, Taylor memberi tekanan pada keharusan bersyarat. Jika pengalaman yang tak terbantahkan diakui, maka syarat-syarat tertentu juga harus diterima. Logika semacam ini mengikat premis dan kesimpulan dalam hubungan yang ketat.

Taylor lalu menghubungkan pola ini dengan tradisi Kant, khususnya deduksi transendental. Ia menyatakan bahwa apa yang ia maksud dengan argumen transendental memiliki kedekatan dengan pola yang dapat ditemukan pada Kant.

Deduksi transendental menjadi contoh klasik bagaimana filsafat bergerak dari fakta pengalaman menuju syarat-syarat yang membuatnya mungkin. Dengan rujukan ini, Taylor menunjukkan kontinuitas pemikiran dan akar historis dari argumen transendental.

"This, I believe, is one of the starting points we can identify in the arguments which are gathered together in the transcendental deduction." (Taylor, 1995, p. 20)

("Ini, saya percaya, adalah salah satu titik awal yang dapat kita identifikasi dalam argumen-argumen yang dihimpun dalam deduksi transendental.")

Dengan menyebut deduksi transendental, Taylor tidak hanya memberikan landasan historis, tetapi juga menegaskan legitimasi metodologis. Apa yang ia bicarakan bukan sekadar eksperimen intelektual baru, melainkan bagian dari tradisi filsafat besar yang sudah dibangun sejak Kant.

Sebagai ilustrasi konkret, Taylor menyinggung mustahilnya pengalaman tanpa objek. Hal ini dipakai sebagai contoh fitur pengalaman yang tidak dapat disangkal.

Dengan ilustrasi ini, pembaca diarahkan memahami apa yang dimaksud dengan "indubitable feature" dalam definisinya. Fakta sederhana seperti ini cukup untuk menggerakkan argumen transendental.

"For otherwise we would have experience which was not experienced as being of anything; it would be an experience without an object, and this we can see to be an impossibility." (Taylor, 1995, p. 20)

("Sebab jika tidak demikian, kita akan memiliki pengalaman yang tidak dialami sebagai sesuatu apa pun; itu akan menjadi pengalaman tanpa objek, dan hal ini dapat kita lihat sebagai suatu kemustahilan.")

Kutipan ini menjelaskan contoh titik awal. Pengalaman selalu "tentang" sesuatu. Tanpa objek, tidak ada pengalaman. Pernyataan ini memberi gambaran jelas bagaimana sebuah premis indubitable bekerja dalam kerangka argumen transendental.

Monograf ini disusun dengan mengikuti pendekatan analisis tekstual-filosofis atas karya Charles Taylor, *Philosophical Arguments* (1995), khususnya bab yang berjudul "The Validity of Transcendental Arguments."

Bab tersebut dipilih karena menghadirkan salah satu kontribusi penting Taylor dalam merumuskan kembali posisi argumen transendental dalam filsafat modern dan kontemporer.

Bukan sekadar melanjutkan Kant, Taylor menekankan pertanyaan yang lebih mendasar: sejauh mana sebuah argumen transendental dapat dikatakan valid.

Pertanyaan ini menjadikan pembahasan Taylor relevan, baik secara historis dalam kaitannya dengan tradisi Kantian, maupun secara konseptual dalam percakapan filsafat mutakhir.

Struktur kajian dalam monograf ini disusun mengikuti alur argumentasi Taylor. Dimulai dengan penjelasan pendahuluan mengenai definisi dan struktur minimum argumen transendental, pembaca diperkenalkan pada cara kerja logika regresif yang membedakan argumen ini dari bentuk penalaran lain.

Setelah itu, pembahasan bergerak pada fondasi Kant, dengan menyoroti deduksi transendental, kesatuan kesadaran, serta kategori apriori sebagai syarat pengalaman.

Bagian selanjutnya menampilkan pembacaan kritis Taylor terhadap Kant, terutama tentang jarak antara premis yang tidak terbantahkan dengan kesimpulan yang sering diperdebatkan, sekaligus hubungannya dengan skeptisisme.

Dari sini, Taylor memperluas cakrawala dengan menghadirkan fenomenologi tubuh Merleau-Ponty, yang menempatkan orientasi jasmani sebagai syarat pengalaman, sebelum kemudian menggunakan analogi permainan catur untuk memperjelas sifat indispensable argumen transendental.

Monograf ini akhirnya ditutup dengan evaluasi menyeluruh tentang kekuatan, kelemahan, dan relevansi kontemporer argumen transendental, serta refleksi akhir mengenai kontribusi Taylor dalam memperbarui tradisi filsafat transendental.

Argumen inti yang ditawarkan melalui monograf ini adalah bahwa kekuatan argumen transendental berakar pada premis yang tidak dapat dibantah dan syarat yang tidak tergantikan, namun kesimpulannya tetap rapuh karena selalu terbuka bagi kritik. Taylor menegaskan bahwa sifat ganda inilah—antara kekuatan dan kerentanan—yang membuat argumen transendental bertahan sebagai instrumen filosofis.

Nilainya tidak terletak pada klaim kepastian absolut, melainkan pada fungsinya untuk menyingkap syarat minimal yang memungkinkan pengalaman manusia.

Dengan fleksibilitas untuk diperbarui, baik melalui dialog dengan fenomenologi tubuh maupun analisis kontemporer lainnya, argumen transendental tetap hidup dalam horizon filsafat modern hingga hari ini.

Charles Taylor adalah seorang filsuf kontemporer asal Kanada yang dikenal luas karena karya-karyanya dalam filsafat politik, etika, sejarah ide, dan hermeneutika.

Lahir pada tahun 1931, Taylor menempuh pendidikan filsafat di McGill University dan Universitas Oxford, serta menjadi salah satu tokoh penting dalam tradisi filsafat analitik sekaligus dialog dengan tradisi kontinental.

Karyanya mencakup pembahasan tentang identitas modern, sekularisasi, multikulturalisme, dan filsafat bahasa. Dalam buku Philosophical Arguments (1995), Taylor berusaha menata kembali sejumlah perdebatan mendasar dalam filsafat modern, termasuk tentang validitas argumen transendental yang diwarisi dari Kant. Reputasinya sebagai pemikir lintas disiplin menjadikan Taylor dihormati tidak hanya di dunia filsafat, tetapi juga dalam studi politik, agama, dan kebudayaan.

Bab II Kant dan Fondasi Argumen Transendental

Deduksi Transendental dan Titik Awal

Charles Taylor menjelaskan bahwa Kant adalah rujukan utama untuk memahami pola argumen transendental. Kant memulai dari fakta bahwa pengalaman hanya mungkin jika disatukan oleh syarat tertentu.

Dengan deduksi transendental, Kant berusaha menyingkap kondisi yang memungkinkan pengalaman memiliki koherensi. Taylor menekankan bahwa hal ini memberi dasar historis yang penting bagi argumen transendental.

"This, I believe, is one of the starting points we can identify in the arguments which are gathered together in the transcendental deduction." (Taylor, 1995, p. 20)

("Ini, saya percaya, adalah salah satu titik awal yang dapat kita identifikasi dalam argumen-argumen yang dihimpun dalam deduksi transendental.")

Dengan kutipan ini, Taylor ingin menunjukkan bahwa pola regresif sudah mapan dalam tradisi Kant. Kant menempatkan deduksi transendental sebagai cara untuk menghubungkan fakta pengalaman dengan syarat yang menjadikannya mungkin. Fakta itu bukan sekadar data empiris, melainkan pijakan yang tidak dapat dibantah.

Taylor memberikan contoh paling mendasar: pengalaman tanpa objek adalah mustahil. Fakta ini dipakai Kant sebagai titik tolak untuk menunjukkan bahwa pengalaman selalu melibatkan keterarahan. Tanpa itu, kesadaran hanya akan berisi fragmen yang tidak berarti.

Dari sini, argumen transendental bergerak menuju kondisi yang memungkinkan keterarahan tersebut berlangsung secara konsisten.

"For otherwise we would have experience which was not experienced as being of anything; it would be an experience without an object, and this we can see to be an impossibility." (Taylor, 1995, p. 20)

("Sebab jika tidak demikian, kita akan memiliki pengalaman yang tidak dialami sebagai sesuatu apa pun; itu akan menjadi pengalaman tanpa objek, dan hal ini dapat kita lihat sebagai suatu kemustahilan.")

Dengan ilustrasi ini, Taylor menegaskan bahwa deduksi transendental Kant dimulai dari hal yang paling sederhana, namun kuat. Dari situ, langkah berikutnya adalah menyingkap syarat apriori yang menopang kemungkinan pengalaman.

Taylor menambahkan bahwa inilah salah satu alasan mengapa deduksi transendental menjadi penting. Ia bukan sekadar analisis konseptual, tetapi usaha untuk menunjukkan keterikatan antara pengalaman dan struktur dasar yang menyusunnya. Dengan cara ini, Kant menampilkan sebuah argumen yang tidak bisa diabaikan, karena berakar pada fakta yang sudah jelas diterima.

Deduksi transendental juga memperlihatkan ciri khas argumen transendental: ia dimulai dari sesuatu yang sederhana, namun segera membawa kita ke dalam pemahaman yang lebih dalam.

Premis minimal yang diambil Kant ternyata mengandung konsekuensi filosofis yang luas. Taylor menekankan bahwa contoh ini memperlihatkan bagaimana logika regresif beroperasi.

Dengan menempatkan Kant sebagai titik awal, Taylor menegaskan kontinuitas pemikiran filosofis. Ia tidak sedang memperkenalkan metode baru, melainkan melanjutkan tradisi. Deduksi transendental menjadi model yang menegaskan sahnya argumen transendental, baik dalam sejarah filsafat maupun dalam kerangka analisis yang ia gunakan.

Kesatuan Kesadaran dan Prinsip "I Think"

Kant menekankan bahwa pengalaman tidak mungkin terjadi tanpa kesatuan kesadaran. Taylor menyoroti prinsip Kant yang terkenal: "The I think must be able to accompany all my representations." Prinsip ini menjadi dasar bagi argumen transendental, karena menunjukkan bahwa kesatuan pengalaman hanya mungkin jika ada subjek yang menyatukannya. Tanpa subjek, pengalaman hanyalah potongan-potongan yang tidak terhubung.

"The I think must be able to accompany all my representations." (Kant, dalam Taylor, 1995, p. 21)

("Aku berpikir harus dapat menyertai semua representasi saya.")

Dengan kalimat ini, Kant menegaskan bahwa setiap representasi yang hadir dalam pikiran harus berada dalam satu kesadaran. Taylor menekankan bahwa ini bukan fakta empiris, melainkan syarat apriori. Kesatuan tersebut adalah kondisi yang harus ada agar pengalaman bisa disebut pengalaman.

Taylor menjelaskan bahwa kesatuan kesadaran bukan tambahan opsional, melainkan fondasi. Argumen transendental menghubungkan fakta kesatuan pengalaman dengan syarat bahwa subjek harus hadir.

Tanpa "aku berpikir," pengalaman tidak pernah mencapai status sebagai pengalaman yang koheren. Premis inilah yang membuat argumen transendental Kant berbeda dari penjelasan psikologis.

Dengan menyoroti prinsip "I think," Taylor memperlihatkan bagaimana Kant menempatkan subjek di pusat analisis. Subjek bukan sekadar bagian dari dunia empiris, melainkan syarat formal bagi semua kemungkinan pengalaman. Hal ini menjadikan argumen transendental bersifat lebih dalam daripada observasi empiris biasa.

Taylor juga menunjukkan bahwa prinsip ini menandai perbedaan mendasar antara Kant dan tradisi sebelumnya. Jika filsafat sebelumnya lebih banyak menekankan dunia luar, Kant justru mengarahkan perhatian pada syarat internal kesadaran. Hal ini membuat deduksi transendental berbeda dalam metodologi dan kekuatan logisnya.

Kesatuan kesadaran yang dimaksud Kant bersifat apriori. Ia tidak ditemukan melalui pengalaman, tetapi mendahului pengalaman itu sendiri.

Dengan demikian, argumen transendental mengklaim status apodiktis: jika pengalaman ada, maka kesatuan kesadaran harus ada. Taylor menekankan bahwa ini bukan sekadar klaim psikologis, melainkan kondisi niscaya.

Dalam kerangka ini, kesatuan kesadaran tidak hanya menjelaskan fakta pengalaman, tetapi juga memberi legitimasi epistemologis. Tanpa kesatuan, tidak ada pengetahuan.

Dengan kesatuan, pengalaman bisa dipahami sebagai sesuatu yang terstruktur. Taylor menjadikan hal ini sebagai salah satu contoh paling jelas dari argumen transendental Kant.

Kategori-Kategori dan Kausalitas

Selain kesatuan kesadaran, Kant menambahkan kategori-kategori apriori sebagai syarat pengalaman. Taylor menegaskan bahwa kategori ini tidak berasal dari pengalaman, melainkan mendahuluinya. Tanpa kategori, pengalaman hanya menjadi rangkaian peristiwa yang tidak terhubung. Dengan kategori, pengalaman memperoleh struktur yang memungkinkan dunia dipahami secara bermakna.

"...experience requires that representations be connected according to rules." (Kant, dalam Taylor, 1995, p. 22)

("...pengalaman menuntut agar representasi dihubungkan menurut aturan-aturan.")

Kutipan ini menjelaskan bahwa pengalaman hanya mungkin jika representasi diikat oleh aturan apriori. Taylor menyebut kausalitas sebagai contoh utama. Kita tidak sekadar melihat peristiwa berurutan, tetapi memahaminya sebagai saling terhubung dalam hukum kausal.

Taylor menekankan bahwa kategori adalah syarat yang indispensable. Tanpa kategori, pengalaman kehilangan koherensinya. Dengan kategori, pengalaman memperoleh keteraturan yang memungkinkan kita berbicara tentang dunia sebagai sesuatu yang dapat dipahami.

Argumen transendental bergerak dari fakta pengalaman yang teratur menuju kesimpulan bahwa kategori apriori bekerja di baliknya.

Kant mengajukan daftar kategori, tetapi Taylor mengingatkan bahwa yang lebih penting adalah pola argumen. Daftar kategori bisa diperdebatkan, namun logika dasar bahwa pengalaman memerlukan aturan tetap berlaku. Hal ini membuat argumen transendental bersifat kuat, meskipun isi kategori mungkin ditafsir ulang.

Taylor menjelaskan bahwa kategori bukanlah produk konvensi. Ia bukan hasil kesepakatan manusia, melainkan bagian dari struktur kesadaran. Karena itu, kategori memiliki status apriori, tak tergantung pada pengalaman tertentu. Inilah yang membuat argumen transendental berbeda dari penjelasan empiris biasa.

Kategori juga memungkinkan kita memahami dunia secara objektif. Dengan adanya kategori, pengalaman tidak hanya bersifat individual, tetapi juga dapat dikomunikasikan dan diuji. Taylor menegaskan bahwa inilah kekuatan Kant: memberikan dasar bagi objektivitas pengetahuan. Tanpa kategori, pengalaman akan terfragmentasi.

Kesimpulan Awal dari Kant

Taylor merangkum bahwa pola argumen transendental Kant dapat ditulis secara sederhana: pengalaman → kesatuan kesadaran → kategori apriori. Dari fakta yang tidak terbantahkan, Kant bergerak menuju syarat yang membuat fakta itu mungkin. Inilah yang menjadikan argumen transendental bersifat apodiktis. Kesimpulan dianggap tidak bisa ditolak, karena jika fakta diterima, maka syaratnya pun harus diterima.

"...the stronger conclusion must be so if the indubitable fact about experience is to be possible." (Taylor, 1995, p. 20)

("...kesimpulan yang lebih kuat haruslah demikian adanya jika fakta tak terbantahkan tentang pengalaman dimungkinkan.")

Dengan pernyataan ini, Taylor menegaskan kembali pola Kant. Fakta pengalaman dipakai untuk menuntut kesimpulan yang lebih kuat. Logika regresif memastikan hubungan erat antara premis dan hasil.

Taylor menilai bahwa kekuatan Kant terletak pada pola argumen, bukan pada daftar kategori spesifik. Kategori bisa diperdebatkan ulang, tetapi pola dasar tetap sahih.

Dengan demikian, Kant tetap menjadi model klasik bagi argumen transendental. Bab ini berfungsi untuk menegaskan fondasi historis dan metodologis, yang akan dipakai Taylor untuk melanjutkan diskusi tentang validitas argumen transendental.

Taylor juga menekankan bahwa pola ini memiliki sifat ganda: ia kuat pada premis, tetapi rapuh pada kesimpulan. Premis indubitable sulit dibantah, tetapi kesimpulan bisa dipersoalkan.

Hal ini tidak melemahkan argumen transendental, justru menunjukkan ruang diskusi filosofis yang terus terbuka. Kant, bagi Taylor, adalah titik awal sekaligus pintu bagi perdebatan lebih lanjut.

Akhirnya, Taylor menegaskan bahwa argumen transendental tetap relevan karena sifatnya yang fleksibel. Meski kategori bisa ditafsir ulang, logika regresif tetap bertahan.

Dari fakta sederhana, filsafat dipaksa menarik kesimpulan. Inilah pola yang menjadikan argumen transendental terus hidup dalam diskusi filosofis hingga hari ini.

Bab III Taylor Membaca Kant

Kritik atas Jarak dari Premis ke Kesimpulan

Charles Taylor menegaskan bahwa kekuatan argumen transendental ditentukan oleh hubungan antara premis awal dan kesimpulan. Premis biasanya tidak terbantahkan, tetapi kesimpulan yang lebih kuat bisa menjadi titik lemah. Taylor menekankan bahwa semakin jauh transisi dari premis, semakin besar risiko argumen menjadi rapuh.

"The force of transcendental arguments is proportional to the necessity of the transition from the starting point to the stronger conclusion." (Taylor, 1995, p. 23)

("Kekuatan argumen transendental sebanding dengan keniscayaan transisi dari titik awal menuju kesimpulan yang lebih kuat.")

Dengan kalimat ini, Taylor menyoroti bahwa validitas argumen transendental bergantung pada keketatan logika transisi. Jika transisi langsung dan jelas, argumen kuat. Jika longgar, argumen menjadi lemah dan terbuka untuk kritik.

Taylor mengingatkan bahwa banyak kritik terhadap Kant tidak mengenai premis awalnya, tetapi pada kesimpulan yang ia tarik. Premis tentang pengalaman koheren diterima, namun klaim mengenai kategori tertentu dipertanyakan. Hal ini memperlihatkan perbedaan antara kekuatan premis dan kerentanan hasil.

Dengan memisahkan keduanya, Taylor membangun posisi kritis: Kant berhasil dalam premis, tetapi transisi ke kesimpulan tidak selalu meyakinkan. Dengan cara ini, Taylor tidak menolak Kant sepenuhnya, melainkan membatasi sejauh mana argumen Kant bisa dipertahankan.

Taylor menekankan bahwa titik krusial ada pada transisi. Argumen transendental bisa sangat kuat jika transisi ketat, namun bisa rapuh jika transisi terlalu luas. Perhatian terhadap jarak ini menjadi inti dari pembacaan kritis Taylor terhadap Kant.

Dengan menyoroti aspek ini, Taylor memperlihatkan pentingnya menjaga kedekatan antara premis dan hasil. Semakin dekat jaraknya, semakin sulit argumen dibantah. Semakin jauh, semakin mudah argumen dikritik. Kritik Taylor ini bukan untuk menolak Kant, tetapi untuk menjaga argumen transendental tetap valid.

Akhirnya, Taylor mengingatkan bahwa kekuatan argumen transendental tidak absolut. Ia bergantung pada cara transisi dibangun. Dari sini, diskusi tentang validitas terus terbuka. Kant memberi model, tetapi kritik memastikan model itu terus diuji dan diperbarui.

Argumen Transendental dan Skeptisisme

Taylor membahas hubungan argumen transendental dengan skeptisisme. Menurutnya, banyak filsuf berharap argumen ini dapat membungkam skeptisisme, tetapi kenyataannya tidak sesederhana itu. Taylor mengutip Barry Stroud yang menegaskan keterbatasan argumen transendental dalam melawan skeptisisme.

"Stroud has argued that transcendental arguments cannot disprove skepticism, because they only show how we must think, not how things must be." (Taylor, 1995, p. 24)

("Stroud telah berpendapat bahwa argumen transendental tidak dapat membantah skeptisisme, karena argumen ini hanya menunjukkan bagaimana kita harus berpikir, bukan bagaimana hal-hal itu harus ada.")

Kutipan ini menyoroti perbedaan antara struktur pikiran dan realitas eksternal. Argumen transendental menjelaskan yang pertama, bukan yang kedua.

Taylor menerima kritik ini dengan hati-hati. Ia mengakui bahwa argumen transendental memang tidak mampu membuktikan realitas eksternal secara mutlak. Namun, ia juga menekankan bahwa argumen ini tetap berharga untuk menyingkap syarat minimal pengalaman. Dengan kata lain, keterbatasan tidak membuatnya sia-sia.

Taylor menyatakan bahwa argumen transendental berfungsi lebih sebagai klarifikasi daripada pembuktian metafisik. Ia memperlihatkan kondisi yang tak terhindarkan bagi pengalaman, bukan fakta ontologis dunia di luar. Dalam kerangka ini, argumen transendental tetap penting, meski tidak memenuhi harapan awal sebagai penangkal skeptisisme.

Dengan pandangan ini, Taylor menempatkan argumen transendental dalam posisi yang lebih realistis. Ia bukan senjata pamungkas, melainkan alat analisis. Kekuatan utamanya adalah memperlihatkan struktur berpikir yang tak bisa dielakkan.

Taylor juga menegaskan bahwa keterbatasan ini justru memperlihatkan kejujuran filsafat. Dengan mengakui batasnya, argumen transendental tidak jatuh pada klaim berlebihan. Sebaliknya, ia tetap relevan karena mampu menjelaskan dasar pengalaman manusia.

Akhirnya, Taylor menunjukkan bahwa hubungan dengan skeptisisme membuat argumen transendental lebih tajam. Ia tidak meniadakan keraguan, tetapi memaksa kita memahami syarat berpikir di balik keraguan itu sendiri. Inilah relevansi filosofis yang tetap bertahan.

Dimensi Apodiktis dan Rapuh

Taylor menyoroti paradoks dalam argumen transendental. Di satu sisi, ia tampak apodiktis karena berangkat dari premis yang tidak terbantahkan. Di sisi lain, ia rapuh karena kesimpulannya selalu bisa diperdebatkan. Paradoks inilah yang menjadi ciri khas sekaligus kelemahan argumen transendental.

"They are at once indubitable and endlessly debatable." (Taylor, 1995, p. 25)

("Mereka sekaligus tak terbantahkan dan tanpa henti dapat diperdebatkan.")

Dengan kalimat ini, Taylor merangkum posisi ganda argumen transendental. Premisnya kuat, kesimpulannya rapuh. Keduanya tidak bisa dipisahkan, karena berasal dari logika yang sama.

Taylor menekankan bahwa sifat apodiktis muncul pada titik awal. Fakta pengalaman yang koheren memang sulit dibantah. Namun, begitu argumen bergerak ke kesimpulan, ruang perdebatan terbuka lebar. Kesimpulan selalu bisa ditafsir ulang atau dipersoalkan.

Paradoks ini bukan kelemahan fatal, melainkan bagian dari dinamika filsafat. Argumen transendental tetap berharga justru karena membuka ruang diskusi yang tidak pernah selesai. Ia memberi kepastian pada satu sisi, dan membuka keraguan pada sisi lain.

Taylor menilai bahwa kekuatan argumen transendental ada pada keberaniannya menanggung paradoks. Dengan mengakui sifat ganda ini, argumen tetap hidup. Ia tidak membeku sebagai doktrin, melainkan terus diuji dan diperdebatkan.

Dengan cara ini, Taylor memperlihatkan bahwa apodiktisitas dan kerentanan saling melengkapi. Tanpa klaim apodiktis, argumen kehilangan daya. Tanpa kerentanan, argumen kehilangan relevansi. Keduanya membuat filsafat terus bergerak.

Akhirnya, Taylor menyimpulkan bahwa nilai argumen transendental ada pada sifat ganda ini. Ia tidak bisa dilepaskan dari paradoks, dan justru karena itu tetap penting dalam wacana filosofis.

Relevansi Kant dalam Bacaan Taylor

Taylor menegaskan bahwa Kant tetap menjadi model klasik bagi argumen transendental. Namun, ia juga mengingatkan bahwa isi kategori Kant bisa diperdebatkan. Kekuatan Kant bukan pada daftar kategorinya, tetapi pada pola dasar argumen yang ia rancang. Pola ini tetap sahih meskipun isi kategori berubah.

"...the stronger conclusion must be so if the indubitable fact about experience is to be possible." (Taylor, 1995, p. 20)

("...kesimpulan yang lebih kuat haruslah demikian adanya jika fakta tak terbantahkan tentang pengalaman dimungkinkan.")

Dengan pernyataan ini, Taylor menekankan bahwa pola Kant tetap valid. Premis indubitable menuntut kesimpulan tertentu. Logika regresif menjaga hubungan antara keduanya.

Taylor menyatakan bahwa meskipun kategori Kant diperdebatkan, pola argumen tetap menjadi warisan metodologis yang kuat. Banyak filsuf setelah Kant mengisi pola ini dengan syarat yang berbeda, tetapi struktur regresif tetap sama. Inilah alasan mengapa Kant tetap relevan.

Dengan membaca Kant secara kritis, Taylor menjaga keseimbangan antara penghormatan dan pembaruan. Ia menghargai pola dasar, tetapi terbuka terhadap perubahan isi. Sikap ini memungkinkan argumen transendental tetap hidup dalam konteks kontemporer.

Taylor menekankan bahwa pembacaan semacam ini membuat argumen transendental tidak kaku. Ia bisa berkembang tanpa kehilangan bentuknya. Tradisi filosofis diperkaya, bukan digantikan. Inilah cara Taylor memperlihatkan relevansi Kant.

Dengan posisi ini, Taylor menunjukkan bahwa argumen transendental bukan sekadar warisan sejarah. Ia tetap menjadi kerangka penting untuk memahami pengalaman manusia. Kant memberi pola, dan filsuf kontemporer memberi isi baru. Kedua aspek ini membuat argumen transendental terus relevan.

Akhirnya, Taylor menyimpulkan bahwa relevansi Kant terletak pada pola regresifnya. Kategori bisa berubah, tetapi logika dasar tetap bertahan. Inilah alasan Kant tetap menjadi model klasik, dan argumen transendental tetap menjadi instrumen penting dalam filsafat.

Bab IV Fenomenologi Tubuh – Dari Kant ke Merleau-Ponty

Tubuh sebagai Pusat Kesadaran

Charles Taylor menunjukkan bahwa fenomenologi tubuh, khususnya melalui Merleau-Ponty, memperluas cakupan argumen transendental. Jika Kant menekankan kategori apriori, Merleau-Ponty menekankan tubuh sebagai pusat kesadaran. Tubuh bukan sekadar instrumen pasif, melainkan syarat aktif yang memungkinkan pengalaman menjadi mungkin.

"Merleau-Ponty argued that our grasp of the world is mediated by our bodily orientation." (Taylor, 1995, p. 27)

("Merleau-Ponty berpendapat bahwa pemahaman kita atas dunia dimediasi oleh orientasi tubuh kita.")

Kutipan ini menunjukkan bahwa dunia tidak hadir secara netral, melainkan selalu melalui tubuh. Orientasi tubuh menciptakan kerangka awal bagi cara kita mengalami dunia.

Taylor menegaskan bahwa orientasi tubuh memberi dasar praktis pada pengalaman. Kita memahami dunia melalui keterarahan tubuh: atas-bawah, kanan-kiri, dekat-jauh. Semua struktur ini bukan produk refleksi rasional, melainkan sudah hadir sebelum pikiran bekerja.

Dengan cara ini, tubuh menjadi pusat kesadaran. Kesadaran tidak berdiri sendiri, melainkan selalu terkait dengan tubuh yang memposisikannya di dunia. Hal ini memperluas argumen transendental dengan dimensi fenomenologis.

Taylor menyatakan bahwa fenomenologi tubuh menunjukkan bahwa argumen transendental tidak hanya bekerja melalui konsep, tetapi juga melalui orientasi jasmani. Tubuh adalah kondisi yang tidak tergantikan. Tanpa tubuh, pengalaman tidak mungkin memiliki keterarahan.

Fenomenologi ini juga memperlihatkan bahwa pengalaman manusia lebih konkret daripada yang dibayangkan Kant. Tidak cukup dengan kategori rasional, tetapi juga memerlukan kerangka jasmani yang hidup. Taylor menegaskan bahwa hal ini memperkaya analisis transendental.

Akhirnya, Taylor melihat tubuh sebagai pintu masuk penting untuk menghubungkan tradisi Kantian dengan fenomenologi. Argumen transendental tetap sah, tetapi kini dipahami melalui pengalaman tubuh yang lebih konkret.

Orientasi Tubuh dan Ruang Hidup

Taylor menekankan bahwa orientasi tubuh menyusun struktur ruang hidup manusia. Dunia tidak hadir sebagai objek datar, melainkan sebagai ruang yang memiliki arah. Orientasi tubuh memberi arti pada ruang: atas, bawah, dekat, jauh. Semua ini adalah syarat minimal bagi persepsi.

"Our perception of space is structured through bodily orientation, such as up and down, near and far, right and left." (Taylor, 1995, p. 28)

("Persepsi kita tentang ruang disusun melalui orientasi tubuh, seperti atas dan bawah, dekat dan jauh, kanan dan kiri.")

Kutipan ini menegaskan bahwa orientasi tubuh adalah syarat transendental dalam arti fenomenologis. Tanpa itu, persepsi kehilangan maknanya.

Taylor menyatakan bahwa orientasi ini mendahului refleksi. Sebelum berpikir tentang ruang, manusia sudah berada dalam ruang melalui tubuh. Orientasi tubuh bekerja sebagai kerangka yang tidak bisa dihindari. Inilah yang menjadikannya indispensable.

Dengan orientasi tubuh, ruang tidak hanya dipahami secara geometris, tetapi juga eksistensial. Ruang hidup adalah ruang yang dijalani tubuh, bukan sekadar dipetakan. Taylor menekankan bahwa inilah perbedaan penting fenomenologi dari rasionalisme murni.

Orientasi tubuh membuat pengalaman bersifat praktis. Dunia hadir sebagai tempat untuk bertindak, bukan hanya untuk dipikirkan. Hal ini memperluas logika argumen transendental ke ranah praksis manusia sehari-hari.

Taylor menilai bahwa orientasi tubuh menjelaskan keteraturan minimal yang memungkinkan manusia memahami dunianya. Ruang hidup bukan hasil kesepakatan, tetapi kondisi apriori jasmani. Dengan cara ini, fenomenologi tubuh menambah lapisan baru bagi argumen transendental.

Akhirnya, Taylor menegaskan bahwa orientasi tubuh memperlihatkan bagaimana argumen transendental dapat diperbarui. Dari Kant menuju Merleau-Ponty, syarat pengalaman diperluas dari kategori menuju tubuh.

Dunia sebagai Medan Aksi

Taylor menunjukkan bahwa dunia tidak hadir sebagai kumpulan objek netral, melainkan sebagai medan aksi. Dunia dipahami melalui potensi tindakan tubuh. Hal ini menjadikan pengalaman selalu praktis, bukan hanya teoretis.

"The world is given to us as a field of potential action, not as a collection of neutral objects." (Taylor, 1995, p. 29)

("Dunia diberikan kepada kita sebagai suatu medan potensi tindakan, bukan sebagai kumpulan objek netral.")

Kutipan ini menegaskan pergeseran fokus: pengalaman dilihat melalui kemungkinan bertindak, bukan sekadar melalui representasi.

Taylor menjelaskan bahwa tubuh selalu mengantisipasi tindakan. Melihat kursi, kita langsung memahami bahwa kursi bisa diduduki. Dunia hadir sebagai peluang praktis, bukan sekadar fakta empiris. Inilah yang disebut Merleau-Ponty sebagai "dunia yang dijalani."

Dengan cara ini, fenomenologi tubuh memperluas logika transendental. Syarat pengalaman bukan hanya kategori rasional, tetapi juga struktur tindakan. Dunia hanya bermakna karena bisa ditindaklanjuti oleh tubuh.

Taylor menyatakan bahwa hal ini membuat argumen transendental lebih konkret. Ia tidak hanya berbicara tentang syarat pengetahuan, tetapi juga syarat eksistensi sehari-hari. Tubuh menjadi titik temu antara kesadaran dan dunia.

Dunia sebagai medan aksi juga memperlihatkan keterikatan antara teori dan praktik. Argumen transendental tidak berhenti pada level konseptual, tetapi menyentuh kehidupan nyata. Taylor menegaskan bahwa inilah nilai tambah fenomenologi tubuh.

Akhirnya, Taylor menyimpulkan bahwa melihat dunia sebagai medan aksi membuat filsafat lebih dekat dengan pengalaman riil. Argumen transendental tidak hanya dipahami secara abstrak, tetapi juga sebagai bagian dari kehidupan jasmani.

Integrasi Kant dan Merleau-Ponty

Taylor menegaskan bahwa Kant dan Merleau-Ponty tidak perlu dipertentangkan, melainkan bisa diintegrasikan. Pola regresif Kant tetap sahih, tetapi syarat pengalaman bisa diperluas melalui fenomenologi tubuh. Dengan integrasi ini, argumen transendental tetap relevan.

"The Kantian insight remains valid, but it must be complemented by the phenomenological account of embodied agency." (Taylor, 1995, p. 30)

("Pandangan Kant tetap sah, tetapi ia harus dilengkapi oleh uraian fenomenologis tentang agensi yang berinkarnasi.")

Kutipan ini menegaskan bahwa kedua tradisi saling melengkapi. Kant memberi kerangka, Merleau-Ponty memberi isi konkret.

Taylor menyatakan bahwa integrasi ini menunjukkan fleksibilitas argumen transendental. Ia bukan doktrin yang kaku, tetapi pola yang bisa diisi ulang sesuai perkembangan filsafat. Dengan cara ini, ia tetap hidup dalam diskusi kontemporer.

Integrasi ini juga memperlihatkan kekuatan dialog antartradisi. Kant menekankan kategori, Merleau-Ponty menekankan tubuh. Dengan menggabungkan keduanya, kita mendapat gambaran lebih utuh tentang syarat pengalaman manusia.

Taylor menekankan bahwa integrasi ini tidak melemahkan, tetapi justru memperkuat argumen transendental. Dengan mengakui dimensi rasional dan jasmani, filsafat mampu menjelaskan pengalaman secara lebih lengkap.

Dengan cara ini, Taylor mengajak pembaca memahami bahwa filsafat bukan soal memilih antara Kant atau Merleau-Ponty, tetapi soal melihat bagaimana keduanya saling mengisi. Kekuatan pola regresif bertahan, isi pengalaman diperkaya.

Akhirnya, Taylor menyimpulkan bahwa integrasi Kant dan Merleau-Ponty memastikan argumen transendental tetap relevan. Ia menjadi kerangka yang mampu menjembatani tradisi modern dan kontemporer.

Bab V Indispensability dan Apodiktisitas

Indispensability sebagai Logika Argumen

Charles Taylor menekankan bahwa inti argumen transendental terletak pada sifatnya yang indispensable, yakni tidak tergantikan. Kesimpulan yang dihasilkan argumen ini dipaksa oleh premis. Jika premis diterima, maka syarat yang ditarik tidak bisa ditolak. Hal ini menjadikan argumen transendental berbeda dari bentuk argumen lain yang hanya menawarkan probabilitas.

"The force of the argument lies in showing that certain conditions are indispensable if the indubitable feature of experience is to be possible." (Taylor, 1995, p. 31)

("Kekuatan argumen terletak pada penunjukan bahwa kondisi tertentu tidak tergantikan jika ciri pengalaman yang tak terbantahkan itu akan mungkin.")

Dengan kalimat ini, Taylor menegaskan bahwa kekuatan argumen transendental berasal dari keniscayaan syarat. Bukan sekadar tambahan, tetapi kondisi minimal yang tidak bisa dihindari.

Taylor menyatakan bahwa sifat indispensable ini menempatkan argumen transendental pada posisi yang unik. Ia tidak membutuhkan observasi tambahan, cukup analisis logis atas pengalaman itu sendiri. Dengan demikian, ia memaksa penerimaan kesimpulan jika premis sudah diterima. Inilah ciri khas argumen transendental.

Taylor juga menegaskan bahwa sifat indispensable membuat argumen ini memiliki daya paksa yang tidak dimiliki argumen empiris. Premis yang tidak bisa dibantah menuntun langsung ke syarat yang tidak tergantikan. Jika seseorang mengakui fakta pengalaman, maka ia dipaksa menerima syarat yang ditunjukkan oleh argumen transendental.

Dengan cara ini, argumen transendental memiliki sifat apodiktis. Ia tidak membiarkan ruang bagi alternatif lain. Hubungan antara premis dan kesimpulan digambarkan sebagai keharusan bersyarat. Jika premis benar, kesimpulannya pun harus benar. Inilah logika dasar yang dibangun Taylor dalam menjelaskan kekuatan argumen transendental.

Akhirnya, Taylor menekankan bahwa indispensable bukan sekadar istilah teknis, tetapi inti dari seluruh kerangka kerja argumen transendental. Syarat yang ditunjukkan tidak bisa diganti tanpa menghancurkan pengalaman itu sendiri. Dengan demikian, indispensable menjadi fondasi logika argumen transendental.

Apodiktisitas sebagai Sifat Argumen

Taylor menambahkan bahwa argumen transendental selalu dikaitkan dengan klaim apodiktis. Artinya, ia menunjukkan sesuatu yang harus benar, bukan sekadar mungkin benar. Hal ini menjadikan argumen transendental berbeda dari argumen lain yang hanya mengandalkan probabilitas atau inferensi lemah.

"Transcendental arguments claim an apodictic force: they show what must be so, not what may be so." (Taylor, 1995, p. 32)

("Argumen transendental mengklaim daya apodiktis: mereka menunjukkan apa yang harus demikian, bukan apa yang mungkin demikian.")

Dengan pernyataan ini, Taylor menegaskan sifat mengikat argumen transendental. Ia tidak sekadar menyodorkan kemungkinan, melainkan kepastian logis.

Taylor menjelaskan bahwa apodiktisitas muncul karena argumen transendental berangkat dari fitur pengalaman yang tidak bisa disangkal. Premis ini memaksa kesimpulan tertentu. Dengan begitu, kesimpulan diperlakukan sebagai keniscayaan, bukan sebagai hipotesis.

Namun, Taylor juga menyadari bahwa klaim apodiktis sering menjadi titik perdebatan. Banyak filsuf mempertanyakan apakah kesimpulan benar-benar apodiktis atau hanya kuat secara logis. Meski demikian, klaim apodiktis tetap menjadi ciri pembeda argumen transendental.

Taylor menilai bahwa tanpa klaim apodiktis, argumen transendental akan kehilangan kekuatannya. Daya paksa argumen ada pada klaim bahwa kesimpulan harus diterima. Jika sifat ini dilepaskan, argumen hanya menjadi analisis biasa tanpa kekuatan filosofis yang khas.

Akhirnya, Taylor menegaskan bahwa apodiktisitas tidak bisa dipisahkan dari indispensable. Keduanya saling terkait: jika suatu syarat tidak tergantikan, maka ia juga harus diterima sebagai kepastian. Dengan cara ini, sifat apodiktis menjadi konsekuensi dari logika indispensable.

Keterbatasan Klaim Apodiktis

Taylor mengingatkan bahwa meskipun argumen transendental mengklaim sifat apodiktis, kenyataannya klaim itu tidak selalu bertahan dari kritik. Premis memang tidak bisa disangkal, tetapi kesimpulan sering diperdebatkan. Di sinilah rapuhnya argumen transendental: kuat di awal, tetapi lemah di akhir.

"Even when the starting point is indubitable, the move to a stronger conclusion is never beyond dispute." (Taylor, 1995, p. 33)

("Bahkan ketika titik awal tidak terbantahkan, langkah menuju kesimpulan yang lebih kuat tidak pernah di luar perdebatan.")

Kutipan ini menyoroti jarak antara premis dan kesimpulan. Premis diterima, tetapi kesimpulan selalu terbuka bagi kritik.

Taylor menjelaskan bahwa banyak kritik terhadap Kant muncul karena klaim apodiktisnya terlalu jauh. Kategori yang ia sebut sebagai niscaya dipandang tidak selalu mutlak. Meski begitu, pola argumen tetap kuat. Hal ini menunjukkan bahwa rapuhnya kesimpulan tidak otomatis meruntuhkan premis.

Taylor menekankan bahwa keterbatasan ini justru membuat argumen transendental relevan. Ia tidak menjadi dogma, tetapi medan diskusi. Kesimpulan bisa diperdebatkan, sementara premis tetap bertahan. Dengan begitu, filsafat tetap hidup.

Taylor menilai bahwa sifat apodiktis adalah klaim ideal. Dalam praktiknya, kesimpulan tidak selalu diterima tanpa perdebatan. Namun, klaim ini tetap perlu, karena tanpa itu argumen transendental akan kehilangan daya filosofisnya. Apodiktisitas menjadi horizon, bukan fakta mutlak.

Akhirnya, Taylor menyatakan bahwa rapuhnya kesimpulan bukan kelemahan fatal. Justru, di situlah ruang filsafat terbuka. Argumen transendental tidak memberi jawaban final, tetapi menyiapkan arena untuk dialog yang berkelanjutan.

Indispensability dan Apodiktisitas dalam Diskusi Kontemporer

Taylor menegaskan bahwa konsep indispensability dan apodiktisitas tetap relevan dalam filsafat kontemporer. Meski banyak kritik diarahkan pada klaim kepastian, argumen transendental masih berharga karena memperlihatkan syarat minimal pengalaman. Inilah yang membuatnya tetap dipakai.

"The indispensability of certain conditions shows why transcendental arguments continue to attract philosophers, even when their apodictic claims are challenged." (Taylor, 1995, p. 34)

("Ketaktergantikan kondisi tertentu menunjukkan mengapa argumen transendental terus menarik perhatian filsuf, bahkan ketika klaim apodiktisnya dipersoalkan.")

Kutipan ini menjelaskan daya tarik argumen transendental. Indispensability tetap kuat, meski apodiktisitas diragukan.

Taylor menilai bahwa dalam filsafat modern, argumen transendental dipakai lebih sebagai klarifikasi daripada pembuktian. Ia memperlihatkan struktur dasar pengalaman. Hal ini membuatnya berguna meskipun tidak membantah skeptisisme secara mutlak.

Taylor menekankan bahwa perdebatan mengenai apodiktisitas justru membuat argumen transendental tetap hidup. Jika semua diterima tanpa kritik, filsafat akan berhenti. Kritik memastikan argumen terus diperiksa, sementara pola dasarnya tetap bertahan.

Dengan menghubungkan indispensable dan apodiktisitas, Taylor memperlihatkan keseimbangan: yang pertama menegaskan kekuatan, yang kedua menunjukkan batas. Inilah cara argumen transendental bertahan dalam wacana kontemporer.

Akhirnya, Taylor menyimpulkan bahwa nilai argumen transendental bukan pada kepastian mutlak, tetapi pada kemampuannya menyingkap syarat minimal pengalaman. Dengan itu, ia tetap relevan meskipun klaim apodiktisitas selalu terbuka untuk kritik.

Bab VI Analogi Permainan Catur

Argumen Transendental sebagai Aturan Permainan

Charles Taylor memperkenalkan analogi permainan catur untuk menjelaskan sifat argumen transendental. Sama seperti catur memiliki aturan yang tidak dapat diubah tanpa menghilangkan hakikat permainan, pengalaman manusia juga memiliki syarat yang tidak bisa diganti. Analogi ini membantu memperjelas bagaimana logika transendental bekerja dalam filsafat.

"We might compare transcendental arguments to the rules of chess: certain moves are indispensable, otherwise it is no longer chess." (Taylor, 1995, p. 36)

("Kita bisa membandingkan argumen transendental dengan aturan catur: langkah-langkah tertentu tidak tergantikan, jika tidak maka itu bukan lagi catur.")

Kutipan ini menekankan bahwa syarat dalam argumen transendental bersifat mendasar. Jika diabaikan, pengalaman kehilangan maknanya, sebagaimana catur kehilangan bentuknya tanpa aturan dasar.

Taylor menegaskan bahwa argumen transendental bekerja dengan cara yang sama: ia menyingkap aturan minimal agar pengalaman mungkin. Tanpa aturan itu, yang tersisa hanyalah fragmen tanpa makna. Dengan analogi ini, logika argumen transendental menjadi lebih mudah dipahami.

Analogi ini juga memperlihatkan sifat indispensable argumen transendental. Sama seperti aturan catur yang tidak bisa dinegosiasikan, syarat pengalaman juga mutlak. Hal ini menegaskan daya paksa argumen transendental yang berbeda dari argumen empiris.

Taylor menyatakan bahwa nilai analogi ini bukan pada kesamaannya yang sempurna, melainkan pada kemampuannya menyoroti logika dasar. Ia menunjukkan bagaimana aturan minimal membuat sesuatu tetap memiliki identitas. Tanpa syarat itu, baik catur maupun pengalaman tidak bisa disebut apa adanya.

Dengan demikian, argumen transendental mendapat ilustrasi yang sederhana namun kuat. Seperti aturan permainan, ia menunjukkan syarat yang harus ada agar sesuatu tetap mungkin. Analogi catur ini menegaskan kembali hubungan antara premis, syarat, dan hasil dalam logika transendental.

Keterbatasan Analogi Catur

Taylor mengingatkan bahwa analogi permainan catur tidak boleh dipahami secara mutlak. Meskipun membantu, ia tetap memiliki keterbatasan. Permainan adalah hasil kesepakatan sosial, sementara syarat pengalaman tidak lahir dari konvensi, melainkan dari struktur dasar kesadaran manusia.

"Of course, the comparison with chess has limits: experience is not a game, and its conditions are not conventions." (Taylor, 1995, p. 37)

("Tentu saja, perbandingan dengan catur memiliki batas: pengalaman bukanlah permainan, dan syarat-syaratnya bukan konvensi.")

Kutipan ini menunjukkan bahwa perbedaan mendasar tetap ada. Pengalaman bersifat transendental, bukan hasil kesepakatan.

Taylor menegaskan bahwa pengalaman manusia lebih dalam daripada aturan permainan. Permainan bisa diubah dengan kesepakatan, tetapi syarat pengalaman tidak bisa diubah tanpa merusaknya. Inilah yang membedakan argumen transendental dari analogi permainan biasa.

Meski begitu, analogi tetap berguna sebagai ilustrasi awal. Ia membantu menunjukkan logika dasar tentang indispensability. Namun, analisis filosofis tetap diperlukan untuk memperjelas kedalaman argumen transendental yang tidak bisa dijelaskan sepenuhnya dengan contoh permainan.

Taylor juga menyatakan bahwa filsafat tidak boleh berhenti pada analogi. Analogi hanya pintu masuk, bukan pengganti analisis. Jika dipakai terlalu jauh, analogi justru bisa menyesatkan. Oleh sebab itu, ia harus ditempatkan secara proporsional.

Dengan menekankan keterbatasan ini, Taylor menjaga agar argumen transendental tidak direduksi. Fungsinya tetap filosofis, meskipun bisa dijelaskan dengan ilustrasi sederhana. Analogi membantu, tetapi tidak menggantikan analisis mendalam.

Struktur Formal dan Kontingensi

Taylor menegaskan bahwa analogi catur berguna untuk membedakan antara struktur formal dan isi kontingensi. Aturan catur adalah struktur formal, sementara gaya bermain adalah kontingensi. Hal serupa berlaku pada pengalaman: syarat transendental adalah struktur formal, sementara isi empiris adalah kontingensi.

"Like the rules of chess, the conditions of experience are formal; but unlike chess, they are not contingent conventions." (Taylor, 1995, p. 38)

("Seperti aturan catur, syarat-syarat pengalaman bersifat formal; tetapi tidak seperti catur, syarat-syarat itu bukan konvensi kontingen.")

Dengan kalimat ini, Taylor menegaskan bahwa syarat pengalaman memiliki status formal yang mutlak. Tanpa syarat itu, pengalaman tidak akan ada.

Taylor menjelaskan bahwa struktur formal ini bersifat apriori. Ia tidak ditemukan melalui pengalaman, tetapi mendahuluinya. Tanpa struktur ini, pengalaman hanya menjadi tumpukan kesan yang tidak terhubung. Dengan struktur ini, pengalaman memperoleh bentuk dan makna.

Namun, isi pengalaman tetap kontingen. Kita bisa memiliki pengalaman yang berbeda, tetapi syarat formal tetap sama. Dengan demikian, argumen transendental menunjukkan fondasi yang tidak berubah di balik keragaman pengalaman.

Taylor menekankan bahwa pembedaan ini penting untuk menghindari kekeliruan. Banyak kritik gagal membedakan antara syarat formal dan isi kontingen. Akibatnya, argumen transendental sering disalahpahami. Dengan pembedaan ini, kita dapat melihat kekuatan sebenarnya dari argumen transendental.

Akhirnya, Taylor menyimpulkan bahwa analogi catur membantu memperlihatkan dualitas ini: aturan formal yang mutlak, dan isi kontingen yang bervariasi. Keduanya membuat pengalaman bermakna, tetapi hanya yang pertama bersifat transendental.

Pelajaran dari Analogi Catur

Taylor menilai bahwa analogi permainan catur memberikan pelajaran penting bagi filsafat. Ia menegaskan bahwa pengalaman manusia, seperti permainan, memiliki aturan dasar yang tidak bisa diganggu gugat. Namun, berbeda dari permainan, aturan ini tidak lahir dari konvensi, melainkan dari struktur kesadaran.

"The lesson of the chess analogy is that experience, like a game, requires indispensable rules, but unlike a game, these rules are not chosen but given." (Taylor, 1995, p. 39)

("Pelajaran dari analogi catur adalah bahwa pengalaman, seperti permainan, membutuhkan aturan yang tak tergantikan, tetapi berbeda dari permainan, aturan ini bukan dipilih melainkan diberikan.")

Kutipan ini merangkum fungsi analogi dalam argumen Taylor. Ia menegaskan sifat syarat transendental sebagai sesuatu yang diberikan.

Taylor menjelaskan bahwa aturan dasar ini bukan hasil perumusan manusia. Ia sudah ada sebelum refleksi. Pengalaman hanya mungkin jika syarat ini diakui. Dengan cara ini, argumen transendental dipahami sebagai penyingkapan, bukan ciptaan.

Pelajaran ini memperlihatkan bahwa filsafat bekerja bukan untuk menciptakan aturan, melainkan untuk menyingkap aturan yang sudah melekat dalam kesadaran. Argumen transendental adalah usaha untuk membuat aturan itu tampak jelas.

Dengan menekankan pelajaran ini, Taylor mengingatkan bahwa filsafat tidak bisa sekadar bersifat deskriptif. Ia harus berusaha menyingkap struktur mendasar. Analogi catur membantu memperlihatkan arah kerja ini.

Akhirnya, Taylor menyimpulkan bahwa meski analogi memiliki keterbatasan, ia memberi pelajaran penting: pengalaman manusia memiliki aturan dasar yang tidak bisa ditawar. Inilah inti dari argumen transendental yang ingin ia pertahankan.

Bab VII Evaluasi Akhir Argumen Transendental

Kekuatan Argumen Transendental

Charles Taylor menegaskan bahwa argumen transendental memiliki kekuatan unik dalam filsafat. Kekuatan itu terletak pada premis yang tidak bisa dibantah dan logika regresif yang menghubungkan premis dengan syarat pengalaman. Dengan ini, argumen transendental mampu memperlihatkan syarat minimal yang membuat pengalaman manusia mungkin.

"The transcendental argument draws its strength from the indubitability of the starting point and the necessity of the transition." (Taylor, 1995, p. 40)

("Argumen transendental mengambil kekuatannya dari ketidakterbantahan titik awal dan keniscayaan transisi.")

Kutipan ini menegaskan bahwa dua elemen tersebut adalah fondasi argumen. Tanpa premis yang kuat dan transisi yang sahih, argumen transendental kehilangan daya paksa.

Taylor menyatakan bahwa kekuatan argumen ini bukan sekadar teoretis, tetapi metodologis. Ia memberi kerangka bagi filsafat untuk bergerak dari fakta sederhana ke syarat mendasar. Dengan cara ini, ia tetap relevan bahkan dalam filsafat kontemporer.

Kekuatan lain argumen transendental adalah sifatnya yang ekonomis. Ia tidak membutuhkan observasi tambahan, cukup analisis logis atas pengalaman. Hal ini membuatnya efisien dan elegan sebagai instrumen filosofis.

Taylor menegaskan bahwa argumen transendental memberi filsafat cara untuk membatasi spekulasi. Dengan menekankan premis minimal, ia menjaga filsafat tetap dekat dengan pengalaman nyata. Inilah kekuatan yang membuatnya tetap digunakan hingga kini.

Kelemahan Argumen Transendental

Taylor juga mengakui bahwa argumen transendental memiliki kelemahan. Kesimpulan yang ditarik dari premis sering diperdebatkan. Premis memang kuat, tetapi kesimpulan tidak selalu diterima tanpa kritik. Hal ini membuat argumen transendental tampak paradoksal: kuat di awal, lemah di akhir.

"The weakness of transcendental arguments lies in the vulnerability of their conclusions, which are always open to dispute." (Taylor, 1995, p. 41)

("Kelemahan argumen transendental terletak pada kerentanan kesimpulannya, yang selalu terbuka untuk diperdebatkan.")

Kutipan ini menyoroti sisi rapuh argumen. Premis tidak bisa disangkal, tetapi kesimpulan tidak kebal kritik.

Taylor menilai bahwa kelemahan ini bukan alasan untuk menolak argumen transendental. Sebaliknya, ia menunjukkan bahwa filsafat selalu terbuka bagi perdebatan. Argumen transendental menyediakan kerangka, bukan jawaban final.

Kelemahan ini juga menunjukkan bahwa argumen transendental tidak bisa dijadikan senjata untuk membungkam skeptisisme. Ia hanya memperlihatkan syarat berpikir, bukan membuktikan realitas eksternal secara mutlak. Hal ini membuatnya terbatas, tetapi tetap relevan.

Taylor menyatakan bahwa dengan mengakui kelemahan ini, filsafat menjadi lebih jujur. Argumen transendental tidak mengklaim kepastian absolut, melainkan membuka ruang bagi dialog. Inilah sisi rapuh sekaligus produktif dari argumen tersebut.

Relevansi Kontemporer

Taylor menekankan bahwa meskipun dikritik, argumen transendental tetap relevan dalam filsafat kontemporer. Ia memberi cara untuk memahami syarat minimal pengalaman. Hal ini membuatnya berguna, meski tidak lagi dipandang sebagai jawaban final terhadap skeptisisme.

"The continuing appeal of transcendental arguments lies in their ability to clarify the conditions of experience, even when their apodictic claims are doubted." (Taylor, 1995, p. 42)

("Daya tarik berkelanjutan argumen transendental terletak pada kemampuannya menjelaskan kondisi pengalaman, bahkan ketika klaim apodiktisnya diragukan.")

Dengan kalimat ini, Taylor menjelaskan mengapa argumen transendental tetap dipakai.

Taylor menyatakan bahwa relevansi kontemporer terletak pada fungsinya sebagai klarifikasi, bukan pembuktian. Ia memperlihatkan struktur pengalaman tanpa harus memberi kepastian metafisik. Dengan cara ini, argumen transendental lebih realistis.

Relevansi ini juga terlihat dalam dialog dengan fenomenologi. Dengan memasukkan tubuh sebagai syarat pengalaman, argumen transendental mendapat dimensi baru. Hal ini menunjukkan fleksibilitasnya dalam menghadapi perkembangan filsafat.

Taylor menilai bahwa relevansi kontemporer argumen transendental membuktikan kekuatan pola regresif. Meskipun isi kesimpulan bisa berubah, logika dasarnya tetap bertahan. Inilah yang membuatnya terus dipakai.

Kesimpulan Umum

Taylor menutup analisisnya dengan menegaskan bahwa argumen transendental adalah instrumen penting dalam filsafat, meskipun tidak sempurna. Kekuatan dan kelemahannya berjalan bersama, menciptakan ruang perdebatan yang produktif. Dengan sifat ganda ini, argumen transendental tetap bertahan dalam tradisi filosofis.

"Transcendental arguments endure because they balance strength and weakness, certainty and dispute, indispensability and vulnerability." (Taylor, 1995, p. 43)

("Argumen transendental bertahan karena menyeimbangkan kekuatan dan kelemahan, kepastian dan perdebatan, ketaktergantikan dan kerentanan.")

Dengan kutipan ini, Taylor merangkum posisi argumen transendental dalam filsafat.

Taylor menekankan bahwa nilai utama argumen transendental bukan pada jawaban final, tetapi pada perannya dalam membuka pemahaman. Ia menyingkap syarat minimal yang membuat pengalaman manusia mungkin. Dengan itu, ia memberi arah bagi filsafat untuk memahami kondisi dasar kesadaran.

Akhirnya, Taylor menyimpulkan bahwa argumen transendental akan terus relevan selama filsafat berusaha memahami pengalaman manusia. Kekuatan dan kelemahannya membuatnya hidup, bukan mati. Inilah yang menjadikan argumen transendental penting dalam wacana filosofis.

Bab VIII Penutup: Argumen Transendental dalam Horizon Filsafat Kontemporer

Merangkum Perjalanan Bab

Monograf ini telah menelusuri uraian Charles Taylor tentang validitas argumen transendental dengan struktur yang sistematis. Dimulai dari pendahuluan mengenai definisi dasar, berlanjut pada pembacaan kritis terhadap Kant, kemudian pada dialog dengan fenomenologi tubuh Merleau-Ponty, hingga analogi permainan catur, dan ditutup dengan evaluasi akhir. Seluruh bab memperlihatkan bagaimana Taylor menjaga keseimbangan antara penghormatan pada tradisi filosofis dan upaya pembaruan metodologis.

Taylor menggarisbawahi bahwa kekuatan argumen transendental terletak pada sifat indispensable dan klaim apodiktisnya. Meski demikian, ia juga mengakui kerentanannya pada level kesimpulan. Premis yang tidak terbantahkan memberi dasar kuat, tetapi transisi ke hasil sering menjadi titik kritik. Dari sini, terlihat sifat ganda argumen transendental: kokoh sekaligus rapuh, jelas sekaligus terbuka bagi perdebatan.

Relevansi Filsafat Transendental

Relevansi argumen transendental dalam filsafat kontemporer terletak pada fungsinya sebagai klarifikasi, bukan pembuktian mutlak. Ia memperlihatkan syarat minimal yang membuat pengalaman manusia mungkin. Fungsi ini membuat argumen transendental tetap dipakai, meskipun klaim apodiktisitasnya diragukan atau bahkan dipertanyakan. Dalam kerangka ini, argumen transendental bertahan sebagai instrumen analitis yang efisien.

Integrasi Kant dengan fenomenologi tubuh menunjukkan fleksibilitas pola transendental. Syarat pengalaman tidak hanya dipahami dalam bentuk kategori apriori, tetapi juga dalam kerangka tubuh yang mengorientasikan manusia di dunia. Dengan cara ini, argumen transendental tetap relevan bagi filsafat eksistensial dan fenomenologis.

Kontribusi Taylor

Kontribusi Charles Taylor melalui bab ini adalah menata kembali diskusi mengenai argumen transendental dengan menekankan validitas. Ia tidak hanya mengulang Kant, tetapi juga mengkritisi jarak antara premis dan kesimpulan, serta membatasi klaim apodiktis agar lebih realistis. Dengan demikian, Taylor memberi ruang bagi pembaruan dalam tradisi Kantian, sekaligus membuka jalan bagi dialog dengan tradisi lain.

Taylor juga memperlihatkan bahwa argumen transendental tidak perlu dilihat sebagai senjata final melawan skeptisisme, melainkan sebagai sarana klarifikasi. Dengan cara ini, filsafat tetap jujur pada keterbatasannya, tanpa kehilangan kekuatan metodologisnya. Inilah keseimbangan yang membuat pembacaan Taylor penting.

Kesimpulan Akhir

Akhirnya, dapat disimpulkan bahwa argumen transendental bertahan karena sifat gandanya. Ia kuat pada premis, tetapi rapuh pada hasil; apodiktis dalam klaim, tetapi terbuka pada kritik. Sifat ganda ini bukan kelemahan, melainkan tanda vitalitas. Selama filsafat masih berusaha memahami syarat minimal pengalaman manusia, argumen transendental akan tetap relevan.

Charles Taylor menunjukkan bahwa tradisi Kant tidak hanya bertahan, tetapi juga bisa diperbarui melalui dialog dengan fenomenologi dan analisis kontemporer. Dengan itu, ia menegaskan posisi argumen transendental sebagai instrumen penting dalam horizon filsafat modern dan kontemporer.

Tentang KBA13 Insight

KBA13 Insight adalah sebuah platform analisis strategis yang berfokus pada isu-isu geopolitik, keamanan, intelijen, politik, sosial, hukum, dan budaya. Dibangun dari tradisi keilmuan dan pengalaman panjang dalam riset akademik serta keterlibatan di ranah publik, KBA13 Insight hadir sebagai ruang pemikiran kritis dan reflektif yang menyajikan narasi, ulasan, serta interpretasi mendalam terhadap fenomena kontemporer di Indonesia, Asia Tenggara, hingga tataran global.

KBA13 Insight merupakan bagian dari ekosistem digital *KBA13*, yang digagas oleh *Prof. Kamaruzzaman Bustamam Ahmad*, seorang akademisi, peneliti keamanan, dan analis intelijen strategis. Melalui KBA13 Insight, pembaca disajikan tulisan analitis yang berupaya membongkar lapisan terdalam dari setiap isu, mulai dari pergeseran politik domestik, dinamika keamanan regional, operasi intelijen global, hingga transformasi budaya digital.

Kami percaya bahwa setiap fenomena geopolitik dan keamanan tidak berdiri sendiri, melainkan selalu berkelindan dengan aspek sosial, ekonomi, agama, dan budaya. Karena itu, KBA13 Insight menggabungkan pendekatan interdisipliner untuk menghadirkan analisis yang tidak hanya faktual, tetapi juga visioner.

Misi

Menjadi *rujukan utama* dalam analisis geopolitik, keamanan, dan intelijen di Indonesia.

Menyediakan *wawasan strategis* bagi pembuat kebijakan, akademisi, mahasiswa, dan masyarakat luas.

Mengintegrasikan perspektif *lokal Aceh, nasional Indonesia, dan global* dalam satu bingkai analisis kritis.

KBA13 Insight bukan sekadar media analisis, melainkan *jembatan antara akademisi dan publik*. Setiap artikel ditulis dengan metodologi riset, data valid, serta pendekatan multidisiplin. Hal ini menegaskan otoritas KBA13 Insight sebagai *platform premium* dalam menyajikan pengetahuan kritis dan independen.

Dengan demikian, KBA13 Insight berdiri sebagai ruang pemikiran strategis yang menawarkan pemahaman lebih dalam tentang dunia yang terus berubah, serta menyiapkan pembaca untuk menghadapi kompleksitas geopolitik, intelijen, dan transformasi sosial budaya di era global.

Did you love *Charles Taylor dan Argumen Transendental: Kritik atas Rasionalitas Filsafat Modern*? Then you should read *Charles Taylor and the Post-Secular Imagination: Moral Ontology, Resonance, the Renewal of Meaning in the Secular Age*[1] by Kamaruzzaman Bustamam Ahmad!

[2]

In an age marked by moral fragmentation and the decline of shared meaning, **Charles Taylor** remains one of the few philosophers who still believes that the modern world can be redeemed through understanding. His monumental works, *Sources of the Self* and *A Secular Age*, offered not only a genealogy of modern identity but also a vision of how humanity might rediscover depth within freedom and transcendence within immanence.

In this bold and elegant study, **Kamaruzzaman Bustamam Ahmad** reinterprets Taylor's philosophy as a living response to the spiritual challenges of modernity. *Charles Taylor and the Post-Secular Imagination* explores how moral sources continue to shape human experience even after the "death of God," and

1. https://books2read.com/u/49g72w

2. https://books2read.com/u/49g72w

how the modern self may evolve beyond secular disenchantment toward a renewed moral horizon.

Through rigorous analysis and lyrical clarity, the book traces Taylor's journey from Augustine and Descartes to the crisis of authenticity and the rediscovery of "fullness" in *A Secular Age*. It examines the rise of the immanent frame, the fragility of belief, and the re-emergence of transcendence as a condition of moral and cultural renewal. At its core lies a radical question: *Can meaning survive in a world that no longer believes in absolutes?*

Profoundly philosophical yet accessible to general readers, this work invites scholars, students, and seekers alike to enter Taylor's moral universe—where philosophy becomes a form of care and imagination a mode of faith. It is both a tribute to Taylor's enduring influence and a call to reawaken the moral imagination in the twenty-first century.

Read more at www.kba13.com.

Also by Kamaruzzaman Bustamam Ahmad

Who Am I: A Journey
Ketika Gagasan Menjadi Senjata: Esai-Esai Tentang Geopolitik, Intelijen dan Keamanan Nasional
Monograf Demonstrasi Indonesia: Aktor Politik, Kampanye Media, Kepentingan Asing, dan Dampak Geopolitik Jangka Panjang
Memotret Wajah Singapore Inc. di Indonesia: Jejak Kapital, Diplomasi, dan Ekonomi Intelijen Singapura di Indonesia Paska-Krisis 1998
Dari Artificial Intelligence ke Virtual Ethnography
Henry Corbin and the Future of Illumination
Strategi Investasi untuk Mahasiswa dan Pemula
Charles Taylor and the Post-Secular Imagination: Moral Ontology, Resonance, the Renewal of Meaning in the Secular Age
Charles Taylor dan Argumen Transendental: Kritik atas Rasionalitas Filsafat Modern
Syed Muhammad Naquib al-Attas and the Future of Metaphysical Thought: Reclaiming the Unity of Knowledge in an Age of Confusion
Trilema Melayu Pattani: Antara Sejarah, Identitas, dan Masa Depan

Watch for more at www.kba13.com.

About the Author

Prof. Kamaruzzaman Bustamam Ahmad, Ph.D. is an Indonesian scholar, philosopher, and author whose works explore the intersections of religion, culture, and the moral imagination of modernity. He serves as the Dean of the Faculty of Sharia and Law at UIN Ar-Raniry, Banda Aceh, and is the founder of KBA13 Insight, a digital think tank and publishing platform dedicated to critical and interdisciplinary analysis of philosophy, geopolitics, religion, and society.

Through his writings, Prof. Ahmad bridges classical Islamic thought and global intellectual traditions, inviting readers to reflect on spirituality, ethics, and the future of humanity in an age of transformation.

Read more at www.kba13.com.

KBA13

| INSIGHT

About the Publisher

KBA13 Insight is a digital academic publisher dedicated to advancing interdisciplinary scholarship in the humanities, social sciences, and Islamic studies. Founded by Prof. Kamaruzzaman Bustamam Ahmad, it serves as an intellectual platform for books, essays, and monographs that explore the intersections of religion, philosophy, culture, and society in Indonesia and the wider world.

Through its online ecosystem, KBA13.com, the publisher promotes original and critical thought aimed at fostering knowledge production and intellectual independence. KBA13 Insight's publications span fields such as philosophy, law, anthropology, geopolitics, education, and future studies.

Read more at https://www.kba13.com/.

www.ingramcontent.com/pod-product-compliance
Lightning Source LLC
LaVergne TN
LVHW060307051026
849517LV00003B/1006
9798231119561